EDUCAÇÃO FINANCEIRA

Por uma abordagem comportamental

Aprenda a dominar o dinheiro e realize seus sonhos

Editora Appris Ltda.
1.ª Edição - Copyright© 2025 do autor
Direitos de Edição Reservados à Editora Appris Ltda.

Nenhuma parte desta obra poderá ser utilizada indevidamente, sem estar de acordo com a Lei nº 9.610/98. Se incorreções forem encontradas, serão de exclusiva responsabilidade de seus organizadores. Foi realizado o Depósito Legal na Fundação Biblioteca Nacional, de acordo com as Leis nᵒˢ 10.994, de 14/12/2004, e 12.192, de 14/01/2010.

Catalogação na Fonte
Elaborado por: Dayanne Leal Souza
Bibliotecária CRB 9/2162

S174e
2025
	Salomão, Nilton
	   Educação financeira: por uma abordagem comportamental: aprenda a dominar o dinheiro e realize seus sonhos / Nilton Salomão. – 1. ed. – Curitiba: Appris, 2025.
	   52 p. ; 21 cm.
	
	   Inclui bibliografias.
	   ISBN 978-65-250-7733-8
	
	   1. Finanças. 2. Decisões rápidas. 3. Decisões lentas. I. Salomão, Nilton. II. Título.
	
	                                               CDD – 332.024

Editora e Livraria Appris Ltda.
Av. Manoel Ribas, 2265 – Mercês
Curitiba/PR – CEP: 80810-002
Tel. (41) 3156 - 4731
www.editoraappris.com.br

Printed in Brazil
Impresso no Brasil

NILTON SALOMÃO

EDUCAÇÃO FINANCEIRA

Por uma abordagem comportamental

Aprenda a dominar o dinheiro e realize seus sonhos

Curitiba, PR
2025

FICHA TÉCNICA

EDITORIAL	Augusto V. de A. Coelho
	Sara C. de Andrade Coelho
COMITÊ EDITORIAL	Ana El Achkar (Universo/RJ)
	Andréa Barbosa Gouveia (UFPR)
	Jacques de Lima Ferreira (UNOESC)
	Marília Andrade Torales Campos (UFPR)
	Patrícia L. Torres (PUCPR)
	Roberta Ecleide Kelly (NEPE)
	Toni Reis (UP)
CONSULTORES	Luiz Carlos Oliveira
	Maria Tereza R. Pahl
	Marli C. de Andrade
SUPERVISORA EDITORIAL	Renata C. Lopes
PRODUÇÃO EDITORIAL	Maria Eduarda Pereira Paiz
REVISÃO	Cristiana Leal
DIAGRAMAÇÃO	Amélia Lopes
CAPA	Carlos Pereira
REVISÃO DE PROVA	William Rodrigues

AGRADECIMENTO

Minha gratidão à Caixa Econômica Federal, a empresa pública mais importante para os brasileiros, na qual aprendi a conviver com a realidade dos cidadãos, cuja experiência foi impulsionadora de minha iniciativa em abordar esse tema, tão significativo para a qualidade de vida das pessoas.

Aos meus colegas da Caixa Econômica Federal, que sempre me incentivaram na busca do meu aperfeiçoamento como profissional e como cidadão.

APRESENTAÇÃO

Que bom ver seu interesse em conhecer um pouco mais da educação financeira!

A maior riqueza que temos é a vida. A ciência e a tecnologia têm nos permitido viver mais, e melhor. O dinheiro, nas suas várias facetas, facilitou o desenvolvimento das relações comerciais e passou a ter papel fundamental na vida das pessoas e da sociedade em geral. Contudo, por não saberem o utilizar o dinheiro, muitas pessoas perdem qualidade de vida e, em alguns casos, o sono e até a própria vida.

Lidar com o dinheiro exige conhecimento e preparação mental para fazer dele um instrumento a serviço da qualidade de vida das pessoas e de um país.

Neste livro, abordo a questão central que envolve o jeito como cada pessoa se comporta diante do dinheiro. Esta leitura lhe dará a base para uma vida financeira equilibrada, que lhe permita, inclusive, ousadias e riscos, a partir da adoção de práticas saudáveis.

A questão comportamental nas finanças valorizou-se e passou a ser vista como uma nova ciência, levando a estudos sobre os fatores que influenciam o processo decisório do cidadão, como investidor ou no dia a dia.

Nós nos movimentamos na vida, prioritariamente, na busca da satisfação das necessidades básicas. Da forma como nossa sociedade é organizada, para conseguirmos atender a essas necessidades, precisamos do dinheiro, esse vil metal. Se ele é tão importante, então, de nós é exigido conhecer os efeitos de sua boa ou má utilização.

Para além da satisfação das necessidades básicas, o dinheiro nos permite a realização de nossos sonhos. E devemos tê-los. São eles que nos movem prazerosamente.

A realização dos sonhos passa pela nossa força de vontade. O desejo de realizá-los estimula a busca das condições propícias. Aqui você conhecerá ideias, experiências e métodos que lhe serão muito úteis, não só para a realização de seus objetivos, como também para enfrentar a realidade da vida financeira que, muitas vezes, impede o desenvolvimento de suas potencialidades ou traz conflitos graves com membros da família e no seu relacionamento conjugal.

Para começar é importante dizer que ninguém realiza sonhos ou resolve problemas sem praticar a disciplina no seu cotidiano financeiro. Conheci ganhadores de loteria que ficaram mais pobres do que antes porque não tiveram um mínimo de disciplina financeira.

Para facilitar a adoção de hábitos saudáveis, apresento-lhes a proposta da prática do PCA — Ponto Concreto de Ação —, instrumento que será útil para o domínio sobre o dinheiro.

Para quem vive, ou já viveu, extrema dificuldades com as finanças pessoais, trago uma excelente notícia: você é quem mais se beneficiará com a compreensão da perspectiva comportamental da vida financeira e das sugestões que apresento e, como consequência, terá condições de realizar seus sonhos, vivendo sem perder o sono ou a família, como ocorre com 26% de quem não cuida bem dos próprios recursos.

O domínio do dinheiro começa quando a pessoa passa a se conhecer melhor. Como tomo minhas decisões? Para colocar luz sobre essa questão, uso os conceitos de Sistema 1 Quente e Sistema 2 Frio, cunhados pelo economista e psicólogo Daniel Kahneman, ganhador do Prêmio Nobel de Economia.

Na vivência como gerente bancário e, posteriormente, como consultor e palestrante, conheci pessoas que ganhavam bem e viviam muito mal, assim como quem sabia lidar com seus parcos recursos e viver com razoável qualidade de vida.

Adquirir boas práticas para lidar com o dinheiro, e fazê-lo trabalhar para seu bem e de sua família, exigirá determinação e foco, mas a recompensa será extraordinária.

Você já deu o primeiro e melhor passo ao iniciar aqui sua jornada de conscientização.

Tenha certeza de que seus dias serão muito melhores a partir dessa leitura e da adoção de prática eficazes.

PREFÁCIO

Parabéns por ter vindo folhear as páginas deste livro!

Educação financeira: por uma abordagem comportamental é um livro que aborda os elementos básicos, mas fundamentais, do que é a educação financeira pessoal e familiar. Ao longo do livro você irá se debruçar sobre lições elegantes que cobrem os princípios das contas pessoais e verá que educação financeira não é necessariamente sobre ter muito ou pouco dinheiro, mas sim sobre organização e mentalidade corretas.

E seu parceiro nessa viagem não lhe deixará na mão.

Em uma conversa sobre a ideia inicial deste livro, logo vi que Nilton Salomão era mais do que um contador, sendo, também, um encantador. Sua atuação ao longo da vida mostra isso. Trabalhando com a gestão de recursos financeiros pessoais em seu longo tempo de serviço na Caixa Econômica, ele foi mais do que um soldado na linha de frente, mas também alguém que buscou entender por que a guerra da pessoa com seus próprios recursos, geralmente, termina em terra arrasada e com a derrota retumbante da pessoa que, na verdade, deveria estar usando seu patrimônio para prosperar e ter tranquilidade.

Se a máxima "mente sã, corpo são" é uma verdade incontestável, podemos adaptá-la aqui para "bolso são, mente sã, corpo são". Em um mundo onde tudo tem um preço, para o bem e para o mal, é preciso saber o valor das coisas e dos serviços. Afinal, o dinheiro não dá em árvore, então precisamos entender o melhor modo de fazer com que nossos recursos finitos sejam capazes de satisfazer o que é prioritário dentro dos nossos sonhos infinitos.

E é por isso que a educação financeira é importante. O autor lhe apresenta, ao longo destas páginas, explicações testadas e atestadas de como a mente lida com o dinheiro. Você verá que a organização pessoal é um dos primeiros princípios da educação financeira.

Assim, o livro mostra-se claro, estruturado e prático. Ele foi pensado para fornecer os fundamentos sólidos sobre educação financeira.

Como disse o célebre criador Leonardo da Vinci: "a simplicidade é o último grau de sofisticação". E Nilton Salomão conseguiu esse feito com este pequeno manual sobre uma dimensão tão importante da vida. Afinal, o melhor travesseiro é uma mente tranquila.

Coloque este livro como prioridade em sua leitura. Leia seus conceitos uma, duas, dez vezes, mas entenda que o importante é que as ideias se tornem tão naturais quanto respirar. Sempre que tiver tempo, faça os exercícios e reflexões propostos. Escreva, desenhe, rascunhe, mas não deixe de fazer o que é apresentado. Para termos resultados diferentes, precisamos fazer coisas diferentes. E se organizar financeiramente é, na realidade de nosso país, uma coisa bem diferente do naturalizado.

Permita-se mudar os hábitos, cultivar disciplina e enxergar suas finanças como um meio para alcançar seus sonhos, e não como um obstáculo. Que este livro sirva como um guia confiável em sua caminhada rumo a uma vida mais equilibrada, consciente e, acima de tudo, tranquila.

Boa leitura!

Artur Henrique Pereira
Sociólogo, com MBA em Planejamento Financeiro Pessoal e Familiar

SUMÁRIO

O PONTO CONCRETO DE AÇÃO (PCA) 15

O SISTEMA QUENTE E O SISTEMA FRIO 16

SONHO TRANSFORMADO EM REALIDADE 20

A "CORAGEM" DE VERIFICAR A VERDADEIRA
SITUAÇÃO FINANCEIRA 22

CONSUMIR COM CONSCIÊNCIA É PRECISO 25

A VIDA FAMILIAR E AS FINANÇAS 30

DÍVIDAS E RISCOS 38

O TRIPÉ DAS APLICAÇÕES FINANCEIRAS
E PATRIMONIAIS 44

UMA VIDA MELHOR, COM SONHOS SE REALIZANDO 48

APÊNDICE 49

BIBLIOGRAFIA 51

O PONTO CONCRETO DE AÇÃO (PCA)

A motivação é o que te faz começar.
O hábito é o que te faz continuar.
(Jim Ryun)

Nossa dinâmica mental, muitas vezes, absorve o que lemos ou o que ouvimos de forma entusiasta. Assuntos que nos interessam ganham foco em nossos pensamentos. No entanto, por não usarmos mecanismos para colocar em prática o que assimilamos, distanciamos o desejo da internalização do hábito.

Transformar ideais e desejos em práticas cotidianas exige determinação mental. Para tanto, é preciso a utilização de instrumentos fundamentais na sedimentação da boa atitude.

Não obstante, essa tarefa exige foco, especialmente nos primeiros dias; o resultado será domínio sobre o dinheiro, com inclusão no seu dia a dia daquilo que fica sem clareza quando está apenas vagando em nossa mente. Daí a proposta da utilização do Ponto Concreto de Ação (PCA).

Trata-se de ações que a pessoa se compromete a fazer em determinado tempo. Como ocorre com a prática de exercício físico, no início não é tão fácil, mas, depois, ganha-se ânimo.

Quando você perceber que, ao invés de se perder na gestão financeira, está dominando o dinheiro, usando-o para realizar seus sonhos ou atender às suas necessidades, tudo mudará em sua vida.

O SISTEMA QUENTE E O SISTEMA FRIO

*Quem conhece os outros é sábio;
quem conhece a si mesmo é iluminado.*
(Lao-Tsé)

É desafiador entender por que as pessoas agem de forma diferente em relação ao dinheiro.

Algumas, numa simples provocação vinda do marketing de uma empresa, com as mirabolantes promoções, imediatamente são tomadas pelo impulso da compra. Costumeiramente, nem pensam se têm condições financeiras para a compra nem se aquele produto ou serviço é necessário. Outras pensam e questionam-se antes de agir, analisam as condições da oferta e a relevância da compra.

Essa diferença comportamental vem provocando estudos para identificar os motivos da adoção desses padrões. Daniel Kahneman, Prêmio Nobel de Economia em 2002, após aprofundar-se na questão, concluiu que existem dois sistemas que ditam nosso processo decisório: o Quente e o Frio.

Cada pessoa convive com os dois sistemas, mas há o predomínio de apenas um no processo decisório.

Nas pessoas em que prevalece o Sistema Quente, a intuição/emoção deixa a razão de lado. As decisões são tomadas sem medir os efeitos, ou medindo apenas a partir da intuição. O que agrada de imediato se sobrepõe às consequências do ato. Já nas pessoas em que o Sistema Frio é o predominante, a decisão ocorre de forma mais lenta, porém com segurança e avaliação das consequências.

A prática prevista em cada um dos sistemas é influenciada pela personalidade, pelas experiências ao longo da vida e pelo estado emocional no momento.

Para quem tem a predominância do Sistema Quente, o qual gera o sentimento de culpa pelas atitudes, trago um importante e atenuante consolo: vocês tornam o mundo mais solidário e alegre. A razão, presente no Sistema Frio, é importante, mas, como seria monótono vivermos somente com a racionalidade!

Por outro lado, o preço pago por decisões afoitas, advindas do Sistema Quente, é muito grande. No entanto, existem mecanismos comportamentais que podem mitigar os danos, promovendo um adequado convívio entre a emoção e a razão.

O primeiro passo consiste em você se conhecer: como ajo quando tenho que tomar uma decisão? Como reajo? Com essas indagações, dá-se início à tomada de consciência do seu jeito de ser, conhecendo-se melhor.

Se identificado que o Sistema Quente (decisão rápida, sem muito avaliar) sobrepõe-se ao Sistema Frio (decisão mais lenta, com avaliação das consequências), você deve adotar algumas medidas para equilibrar emoção/intuição e razão.

A intuição, rápida e emotiva, deve ser contida com a conhecida ideia do "conte até 10", antes da decisão. Isso exigirá da mente um esforço enorme nos primeiros exercícios, mas, com o tempo, virá o aprendizado da ponderação. Claro que essa prática não precisa ser adotada para qualquer ação, e sim para as decisões que mais impactam sua vida.

Na questão financeira, por exemplo, se uma pessoa quer comprar uma residência, e alguém oferece um plano mirabolante, com custo baixo e entrega do imóvel em tempo recorde, isso trará rapidamente à sua mente o sonho da casa própria. Se a "desconfiança" com algo "tão bom" não saltar aos olhos, a tendência é a perda dos recursos, muitas vezes fruto de anos de trabalho e de renúncia.

Esse exemplo vale para o enfrentamento às apaixonantes propagandas e aos "espertalhões de plantão", sempre prontos a abocanhar o dinheiro das pessoas incautas.

Criar a dúvida, acionar o "desconfiômetro", leva-nos a busca de respostas que nos ajudam no processo decisório. É nesse momento que o Sistema Frio é tão útil, questionando essas "facilidades". Para ganhar prática nesse manejo entre o Sistema Quente e o Sistema Frio, é preciso exercitar a tomada de decisão mais lenta.

> *PCA 1 – Ainda esta semana, lembre e anote algumas decisões que você tomou ao longo da vida usando: a intuição/emoção, a razão para checar o que a intuição/emoção indicava.*

Como se defender da decisão impulsiva?

A autoconfiança é muito importante, mas sua prática excessiva leva a equívocos no processo decisório.

Daniel Kahneman, quando se refere às chamadas "ilusões cognitivas", ou seja, a tendência de erro sistemático ao tomar decisões, faz comparação com as ilusões de ótica, na medida em que ambas, mesmo sendo identificadas, não são fáceis de serem eliminadas do nosso pensamento.

A autoconfiança excessiva, advinda das chamadas "ilusões cognitivas", tende a levar ao erro sistemático no processo de decisão.

Quando conseguimos identificar nosso jeito de agir diante de algo novo, seja um conflito, seja uma decisão, podemos utilizar práticas que nos ajudarão a adotar procedimentos adequados à redução da margem de erros.

O primeiro passo, quando identificada a predominância do Sistema Quente, é entender seu significado e as consequências do agir sem pensar nos efeitos. A partir daí, medidas compensatórias podem ser adotadas, especialmente no campo das finanças.

A mais eficaz é o hábito de não tomar a decisão de imediato. Mesmo com o impulso emocional estimulando, faz-se necessário o esforço mental de "aprender a questionar" a si mesmo sobre os efeitos da decisão.

Uma compra que a pessoa dominada pelo Sistema Quente faria por impulso esperar 24 horas, ou mais, até que sejam respondidas as seguintes indagações: preciso realmente disso? Tenho condições de pagar? É prioridade? É segura a operação? Escrever as vantagens e desvantagens da aquisição traz lucidez ao processo decisório.

Com o tempo, essa saudável prática será internalizada e acontecerá naturalmente. No início exigirá muita força de vontade, mas, com o aprendizado, virão a segurança e a serenidade.

> *PCA 2 – Durante este mês, diante de compra/despesa, faça essas três perguntas: preciso? Tenho como pagar? É seguro?*

SONHO TRANSFORMADO EM REALIDADE

> *Se podemos sonhar, também podemos tornar nossos sonhos realidade.*
> (Walt Disney)

Acreditar na possibilidade de atingir os objetivos ou de atender às prioridades do nosso dia a dia exige motivação interior. E nada melhor do que os exemplos exitosos.

Um exemplo animador

As dificuldades financeiras e sociais na minha infância foram enormes. Os transtornos e a vergonha por não ter um banheiro dentro de casa impulsionaram minha primeira experiência com dinheiro.

Consegui meu primeiro emprego quando completei 18 anos. Antes, em razão de ainda não ter feito o serviço militar, ninguém me dava uma oportunidade.

O sonho de ter um banheiro, com chuveiro e lavatório, levou-me a começar a poupar já na primeira remuneração, pouco mais de um salário-mínimo.

Passados 18 meses, com o valor acumulado na poupança, contratei um pedreiro, seu José, que me fez um preço acessível por sua mão de obra.

Os materiais, consegui comprar com financiamento em longas prestações, sem acréscimos, pois o dono da loja aceitou meus argumentos e resolveu ser solidário com a causa.

Na manhã do dia seguinte ao término da obra, acordei e pude entrar, pela primeira vez, no "meu banheiro". O sol penetrando na janela basculante reluzia nas louças de cor azul.

Sorri e chorei ao mesmo tempo: o meu sonho estava realizado!

Para chegar a essa vitória, no entanto, cumpri rigorosamente um plano. Com tantas necessidades financeiras minhas e da família, tive que definir prioridades. Para tanto, passei a anotar em um papel o que ganhava e que gastos eram necessários, assim eu usava o dinheiro apenas nas prioridades.

Deixei de comprar roupas novas, aproveitando o máximo as que eu tinha; deixei de ir a festas que me exigiriam usar meus parcos recursos.

Para ganhar força "mental" e resistir a alguns desejos, todo dia eu olhava o valor que vinha acumulando na poupança e imaginava o banheiro sendo construído.

Essa experiência me mostrou que, seja na nossa vida, de modo geral, ou na vida financeira, a superação de desafios, a resiliência em não gastar com coisas supérfluas no nosso cotidiano, é possível à medida que projetamos no futuro, com ações de curto, médio ou longo prazo, a realização de algo bem mais significativo.

Diariamente, pensar na realização do sonho, do objetivo, da prioridade, traz a energia vital que precisamos.

PCA 3 – Anote seus sonhos em um papel ou no celular. Recorte imagens que os representem. Depois elabore um plano para realizá-los.

A "CORAGEM" DE VERIFICAR A VERDADEIRA SITUAÇÃO FINANCEIRA

*Não adianta se esconder sob mil disfarces,
a realidade sempre aparece.*
(Autran Dourado)

A exemplo de uma empresa privada ou de um órgão público, só se deve gastar até o limite do que se arrecadar. As receitas de uma pessoa física são representadas por salários, aluguéis, rendas de aplicações financeiras e outras atividades.

Para fazer compras, gastar com lazer e outras despesas, é fundamental saber quanto se tem de receita naquele mês.

Muita gente tem medo, ou não criou o hábito, de fazer essas contas. Sem saber das receitas, gasta-se ao sabor das necessidades e dos desejos. Aí começa o drama das dívidas com cartão de crédito, empréstimos bancários e, muitas vezes, a opressão do agiota de plantão.

Se você quer ter seus sonhos realizados sem a consequência dos pesadelos, comece introduzindo em sua vida um simples hábito: anotar quanto ganha e o que pode gastar com os vários tipos de despesas no seu cotidiano

PCA 4 – Pesquise e anote em um caderno, ou em um aplicativo de celular, o que ganhou e o que gastou no mês passado. Qual receita você previu e não obteve? Quais despesas foram além, ou aquém, do previsto no orça-

mento mensal? Se as despesas foram maiores que as receitas, quais gastos reduzir para equilibrar o orçamento?

Gastou mais ou menos do que ganhou?

Hábito arraigado não é fácil de mudar. Demora um tempo e exige rigorosa decisão. No caso das finanças, como deixar o medo, ou a preguiça, de analisar o que se ganha e o que se gasta?

O medo normalmente nasce do sentimento de ser incapaz de ajustar as contas quando se percebe que o gasto é maior do que a receita; a preguiça vem da falta de hábito, característica generalizada da ausência da cultura da educação financeira.

Para quem deseja enfrentar o problema, o primeiro passo é tomar a decisão de elaborar um orçamento mensal: anotar em um papel, ou usar planilhas disponíveis na internet, tudo que preveja ganhar: salários, aluguéis, rendas de aplicações financeiras e outras receitas. A seguir, anotar como será gasta caso a receita seja efetiva.

A essa atividade dá-se o nome de orçamento mensal[1].

As despesas tradicionais devem ser previstas: alimentação, gastos com a casa, a educação, saúde, o carro, o lazer entro outros.

A partir da visualização da realidade financeira, deve-se analisar e, caso as despesas sejam maiores, definir prioridades.

Se as despesas estiverem em equilíbrio com as receitas, ainda assim, vale uma revisão nos gastos para "sobrar" algum valor, seja para atender a uma necessidade extraordinária, seja para realizar um sonho, um objetivo de sua vida.

Para efeito de compreensão, observemos a planilha a seguir.

---

[1] Se desejar ter uma planilha de orçamento mensal simples de aplicar, envie e-mail para educacaofinanceira01@gmail.com, informando suas principais receitas e despesas.

Planilha de orçamento mensal/anual simplificado

RECEITAS	MÊS 1	PROJEÇÃO ANUAL
SALÁRIO LÍQUIDO MENSAL	4.800,00	57.600,00
HORA EXTRA	440,00	5.280,00
TOTAL DAS RECEITAS	5.240,00	62.880,00
DESPESAS	**MÊS 1**	**PROJEÇÃO ANUAL**
ALIMENTAÇÃO EM CASA	980,00	11.760,00
ALIMENTAÇÃO FORA DE CASA	360,00	4.320,00
IMÓVEL (ALUGUEL, CONDOMÍNIO, IPTU)	1.100,00	13.200,00
ENERGIA ELÉTRICA/ÁGUA RESIDENCIAL	250,00	3.000,00
CELULAR/INTERNET	150,00	1.800,00
SAÚDE (PLANO DE SAÚDE, REMÉDIOS)	680,00	8.160,00
EDUCAÇÃO (ESCOLA, LIVROS, UNIFORME)	760,00	9.120,00
TRANSPORTE (ÔNIBUS, UBER)	120,00	1.440,00
AUTOMÓVEL (COMBUSTÍVEL, SEGURO)	770,00	9.240,00
LAZER (CINEMA, FUTEBOL, SHOW)	350,00	4.200,00
TOTAL DAS DESPESAS	5.520	66.240,00
RECEITAS – DESPESAS	**-280,00**	**-3.360,00**

- A análise da planilha mostra a urgência em se adequar as despesas ao valor das receitas. Observe que não estão previstas as necessárias provisões para pagamento do IPVA do automóvel, nem para gastos com a manutenção da casa ou aquisição de novas roupas. Também não há a destinação de nenhum percentual da receita para a realização de sonhos.

Caso não sejam feitos os ajustes, em um ano, a dívida, sem os juros, representará 64% da receita mensal.

Esse exemplo tem como objetivo mostrar a você que é preciso enfrentar sua realidade financeira, antes que o volume da dívida, caso exista, exija sacrifícios muito maiores.

CONSUMIR COM CONSCIÊNCIA É PRECISO

*Repelir o supérfluo no presente é
a garantia de um futuro melhor.*
(Thomas Atkinson)

Inicio este capítulo contando a história de um cidadão que resolveu ter noção de como e quais produtos estava consumindo em casa. Ele definiu o prazo de 15 dias para guardar os pacotes, invólucros, caixas, que acondicionavam o que consumia. Para dar destaque à causa, escolheu expor o material em sua sala. Isso mesmo, na sala de casa.

No fim do prazo, ao olhar a grande quantidade de "lixo", percebeu que estava se alimentando precariamente, fumando demasiadamente e contribuindo para a exaustão da matéria-prima que a natureza oferece.

Essa história nos permite refletir sobre a necessidade do consumo consciente. Não só do ponto de vista ambiental, mas também em razão da nossa saúde física, mental e financeira.

Os estímulos ao consumo desenfreado estão muito presentes em nossa sociedade e no comércio em geral. Quando decidimos realizar compras, e não definimos o que e quanto comprar, acabamos adquirindo produtos/serviços não necessários. Um exemplo comum é a pessoa que não tem o costume de levar uma lista de compras ao supermercado.

Para enfrentar esse desafio, a busca de hábitos saudáveis é fundamental. E o começo se dá quando nos perguntamos: realmente preciso desse produto ou serviço? Será que estou consumindo apenas por vaidade ou porque amigos ou vizinhos consomem, ou porque é mais prático, independentemente da qualidade?

Como já visto aqui, as finanças pessoais, muitas vezes, são degradadas em razão do impulso às compras. Esse impulso, às vezes, tem origem na "sensação de insatisfação" com algo ou na compensação de "desatenções familiares". Portanto, é um bom exercício buscar entender por que se está agindo de forma consumista. Os motivos aqui elencados, dominados pelo Sistema Quente descrito por Daniel Kahneman, já explicitado, devem ser compreendidos e submetidos à reflexão.

Do ponto de vista da coletividade, quem deseja um mundo melhor, quem tem compromisso com as futuras gerações e, no aspecto pessoal, busca uma vida saudável, precisa conhecer, deixar-se sensibilizar e agir no conceito do "consumo consciente", que estimula consumir sem exagero e de acordo com as reais necessidades.

No particular interesse da educação financeira, asseguro a quem abraçar a causa que a economia vinda será muito útil para o atingimento de seus objetivos.

> *PCA 5 – Ainda neste mês, guarde os pacotes, invólucros, caixas que consumir por 15 dias.*
>
> *Depois, responda as seguintes perguntas: o que comprei era necessário? Utilizei? Foi um bom consumo? Houve excesso? Posso reduzir ou substituir o produto por outro de melhor qualidade? Qual o teor alimentício do que consumi? Qual a qualificação da empresa que produziu tais produtos?*

Por que e para que poupar?

Quem desenvolve o consumo consciente acaba gastando menos, ensejando a possibilidade de poupar.

Para a educação financeira, essa conscientização traz enormes benefícios, facilitando o alcance dos objetivos de curto, médio e longo prazo. Economizando, você não só ganha condições de investir no mercado financeiro, como também contribui para o país ter recursos para financiar projetos importantes, por meio de poupança, especialmente de longo prazo.

Há pessoas que já têm o hábito de guardar o que sobra mensalmente. Essa prática já merece aplausos, no entanto, a atitude mais eficaz é, antes de pagar ou fazer despesas, destinar um valor para a poupança ou carteira de investimentos, visando à conquista de objetivos ou de necessidades futuras.

No livro O *homem mais rico da Babilônia – Plano de Ação*, Mitch Horowitz cita a obra original, em que George Clason aconselha a "pagar-se primeiro" o valor correspondente a um décimo do que se ganha, antes de realizar despesas ou gastar o que se ganhou. Ele coloca essa orientação como a "regra de ouro" para quem quer ter autonomia financeira.

Para isso, é fundamental ter noção do quanto se deseja ter ao final de um período para realizar um sonho ou ter recursos para suportar seus gastos mensais durante, pelo menos seis meses, caso perca sua renda.

Para a realização de sonhos (aqueles relacionados no PCA do primeiro capítulo), é necessário calcular o quanto de recursos financeiros será exigido, isso permitirá definir o valor a ser economizado mensalmente. Assim, a probabilidade de se ter o montante na data definida é enorme.

O valor definido para poupar em cada mês, no entanto, deve ser factível, viável. Deve-se ter em mente que a decisão de separar essa parte prioritariamente resultará na adaptação em gastar menos. No começo exigirá um certo sacrifício, mas, com o hábito internalizado, você sentirá estímulo nessa prática.

Com essa prática, poderá desfrutar de uma viagem sabendo que, ao voltar, sua capacidade mensal de pagar as despesas não será comprometida. Os valores acumulados também poderão servir em momentos de dificuldades financeiras, como já mostrado.

PCA 6 – A partir do próximo mês, defina o valor (5%, 10% ou 15%) que será separado antes mesmo de enfrentar as despesas.

Jogos de azar (loterias, cassinos, jogos on-line) iludem

Quando era gerente de agências da Caixa Econômica, acompanhei e orientei vários ganhadores de loterias. A experiência me mostrou que, para boa parte deles, a vida ficou pior depois da "sorte".

Apesar da minha sugestão para que o ganhador não movimentasse o prêmio por, pelo menos, três meses e que buscasse com um profissional em gestão de recursos financeiros e patrimoniais a preparação mental para a nova fase da vida, nada era mais forte do que a pressão de familiares e amigos para o consumo dos recursos.

Apostar, competir, faz parte de nossa cultura e tradição. Seja pelo aspecto lúdico, seja pela expectativa de ganhos, a verdade é que cada vez mais se joga no Brasil e no mundo. A expansão meteórica das apostas pela internet prova o que afirmo, e isso ocorre porque os "empreendedores" dos jogos, que vêm tendo lucros elevadíssimos, trabalham com os aspectos psicológicos que levam as pessoas a jogarem.

Eu mesmo, apesar de conhecer os efeitos nocivos, gosto de fazer uma "fezinha", mas faço dentro dos meus limites.

Outra motivação vem da pessoa que, na dificuldade financeira, busca nas apostas a solução para seus problemas. Em cada aposta vencedora, vem a "intuição" de ganhar mais. Em cada aposta não vencedora, teima-se em acreditar que a vitória chegará. Ledo e perigoso engano que, muitas vezes, produz tragédias familiares.

Se há um comportamento impulsivo, resta a busca de mecanismos que possam freá-lo. Mais uma vez, o Sistema Quente precisa ser tutelado pelo Sistema Frio, que é capaz de dar limites à impulsão.

Uma medida saudável, mas que exige disciplina, para quem gosta de apostar é a definição de um limite, um valor máximo mensal para tal atividade. Quanto menor, melhor.

PCA 7 – Se você gosta de apostas, estipule um valor máximo para jogar mensalmente.

A VIDA FAMILIAR E AS FINANÇAS

*Quando as raízes são profundas,
não há razão para temer o vento.
(Provérbio Chinês)*

Viver em família é a melhor coisa do mundo, mas dá trabalho. Oh se dá!

Na família o diálogo é fundamental. Quando há conversa, solidariedade e compreensão, o ambiente fica saudável, e as dificuldades são enfrentadas com mais serenidade.

Família que faz conta unida permanece unida

Um dia, um amigo, bancário como eu, me procurou. Desesperado, chegou às lágrimas ao me contar sua situação financeira. Ele tinha se aposentado e, como todo mundo que só tem como renda a aposentadoria, viu sua receita mensal minguando.

Sua família, acostumada ao tempo em que ele ganhava bem, continuava a viver como se a renda fosse a mesma da época dele na ativa. Com receio de ser criticado, ou rejeitado, ele não tinha coragem de contar sobre sua mudança financeira e, para bancar os gastos mensais, foi tomando empréstimos, até o momento que perdeu sua margem consignável e teve que apelar para os famosos agiotas. Ele me pediu ajuda para conseguir um emprego com o qual pudesse ampliar sua reduzida renda mensal.

A história do meu amigo repete-se em milhões de lares.

Pesquisa realizada pelo SPC Brasil identificou questões financeiras como motivo para a realização de divórcio em 26% dos casais. O levantamento mostrou que 29% dos cônjuges não revelam para o outro os detalhes de suas finanças, e 51% culpam o outro pelo desequilíbrio financeiro.

O diálogo sobre a vida financeira, que não é tradição em nosso país, precisa ser buscado.

Quando se conversa em família, com transparência, fica mais fácil ajustar despesas, ampliar receitas e iniciar o processo de compreensão dos objetivos de cada membro, bem como as expectativas que o futuro traz, seja na escolha da profissão, seja na preparação para o enfrentamento de situações novas, como aposentadoria, desemprego, necessidades especiais de recursos para tratamento de saúde, entre outras.

Para que esse diálogo aconteça, é fundamental que sejam respeitadas as características pessoais de cada membro, dentro da saudável razoabilidade. Se é significativo para o marido uma cervejinha, ou a assinatura de TV para assistir ao futebol, é preciso que a esposa e os filhos entendam. Da mesma forma, as importantes peculiaridades dos outros membros devem ser entendidas.

Para o diálogo, o que anima e estimula é a geração de confiança e a transparência mútuas.

> *PCA 8 – Ainda este mês proponha uma conversa sobre educação financeira a todos os membros da família. Diga que essa conversa tem o objetivo de realizar os sonhos de cada um. Se a situação financeira estiver muito desequilibrada, diga que a conversa será para encontrar um caminho para tudo se ajeitar. Pergunte a cada membro o melhor dia e horário, na busca de um consenso.*

As mulheres e a tradição cultural

Nos tempos em que fui gerente de agências da Caixa Econômica, acompanhei vários casos em que a falta de conhecimento de questões financeiras e patrimoniais da família deixou mulheres fragilizadas e inseguras quando foram exigidas a lidar com o dinheiro.

O exemplo mais significativo veio de uma viúva que, sem nenhuma ciência da vida financeira do marido, acabou ludibriada por um "oportunista de plantão" que se aproximou afetivamente e acabou conseguindo se apropriar de grande parte dos saldos bancários e do patrimônio da família.

Existem casos de mulheres com dependência conjugal que sofrem a violência financeira, sendo chantageadas, reprimidas ou, até mesmo, tendo seus nomes usados para obtenção de empréstimos por parte do marido ou namorado.

Essa realidade indica que, para além da conscientização sobre o processo decisório nos Sistemas Quente e Frio, há práticas abomináveis, advindas do machismo endêmico em nossa sociedade, que precisam ser combatidas.

Atualmente, a Lei 11.340/2006, popularmente chamada Lei Maria da Penha, prevê punição para a violência financeira ou patrimonial, definida como a conduta que subtraia ou destrua bens, documentos pessoais ou obtenha benefícios usando o nome da mulher.

Em outra situação, encontra-se a mulher que trabalha, adquire independência financeira, mas ainda carece de conhecer as nuances da boa administração das suas finanças.

Em ambas as situações descritas, o empoderamento da mulher vem com a busca e a conquista do conhecimento. Um bom começo é a prática de olhar extratos bancários, de ver as escrituras dos imóveis e, para o domínio pessoal das finanças, anotar tudo que ganha e tudo que gasta.

O empoderamento da mulher na questão financeira contribuirá para o pleno exercício de sua cidadania, incluindo sua capacidade empreendedora, o que já se observa em tantas atualmente. São extraordinários, e animadores, os exemplos de mulheres que aprenderam a lidar com o dinheiro e impuseram o respeito de que são merecedoras diante da sociedade e de práticas machistas abomináveis.

> PCA 9-1 – Para as mulheres com dependência conjugal: ainda este mês, com muita habilidade, proponha ao marido ajudar a reduzir as despesas, por meio da elaboração do orçamento familiar, começando por analisar as receitas e despesas do mês anterior. Caso ele não aceite, peça que agende o dia para fazerem juntos essa atividade. Com paciência, mas sem perder a determinação, continue no propósito de avançar no conhecimento da renda, dos gastos e do patrimônio conjugal.
>
> PCA 9-2 – Para a mulher, em qualquer situação: matricule-se, ainda este mês, em um curso de educação financeira. Há vários na modalidade on-line, gratuitos.

Os jovens – no presente construindo o futuro

Aos jovens, toda atenção deve ser dada. São eles que conduzirão uma família no futuro. Da boa preparação dos nossos jovens dependerá o mundo, nosso país, nossa cidade e seu grupo familiar.

Pela maior probabilidade, e bons efeitos, na absorção de ideias, em minhas palestras dedicadas a eles, gosto de apresentar (e sugerir aprofundamento) o instrumento RODA DA VIDA, criado por Paul Meyer em 1960.

Resumidamente, o método é utilizado a partir de notas de 1 a 10, atribuídas aos segmentos que influenciam a qualidade de vida de cada pessoa. Feito isso, deve-se buscar um plano de ação voltado a estabelecer um equilíbrio em todos os quesitos.

Especialmente sobre finanças pessoais, é necessário dizer que seu desequilíbrio afeta praticamente todos os outros segmentos. Se estou com dívidas, acabo tendo conflitos nos meus relacionamentos; se não consigo poupar, diante de uma pandemia, de uma doença inesperada, as dívidas aparecem, e eu acabo ficando em desordem emocional.

Por outro lado, quando tenho educação financeira, ganho melhores condições para ter qualidade no meu lazer, na minha condição física e em minha vida social.

A RODA DA VIDA

- *Não obstante minha predileção em apresentar a Roda da Vida aos jovens, seus ensinamentos podem ser utilizados por qualquer pessoa, em qualquer etapa da vida.*

A RODA DA VIDA, refletida com o conhecimento dos Sistemas Quente e Frio de Kahneman, pode se transformar em um potente formador de consciência e práticas saudáveis.

A compreensão de como são determinantes os efeitos do agir no Sistema Quente, ou Sistema Frio, é orientação para um jovem definir seu futuro. Quem busca esse conhecimento e consegue adquirir hábitos nos quais a emoção/intuição se submetem à razão, terá maiores chances de progredir na vida profissional e financeira.

Quando faço palestra para jovens, ao perguntar se pensam na situação financeira aos 60 anos, raramente alguém afirma que sim.

Segundo o SPC Brasil, 47% dos jovens não fazem controle financeiro. Desses, 19% dizem não saber, 36% não fazem por preguiça ou falta de hábito.

Ao não se disciplinar financeiramente, o caminho natural é contrair dívidas, especialmente com o cartão de crédito, cujas facilidades oferecidas, aliadas à inexperiência, são estímulos ao gasto desenfreado. Esse quadro mostra que, de modo geral, nossos jovens estão vivendo no embalo da música cantada por Zeca Pagodinho: "deixa a vida me levar, vida leva eu".

Mudar essa realidade só é possível em um processo de sensibilização, em que os jovens possam idealizar sonhos e imaginá-los possíveis de serem realizados.

Ao trazer meu exemplo, na construção do meu primeiro banheiro, procuro mostrar que, mesmo diante das maiores dificuldades, podemos, sim, acreditar na conquista de um propósito, que às vezes são desejos, mas também necessidades básicas.

Quando partimos em busca da realização de um sonho, é natural encontrarmos dificuldades. Porém, à medida que as superamos e, financeiramente, começamos a ver os recursos crescendo e tendo rentabilidade, mesmo que modesta, nasce dentro de nós uma força capaz de nos motivar a avançar. Esse ganho financeiro traz a boa consequência de elevar nossa autoestima e a crença em nós mesmos.

É sempre bom lembrar que, na juventude, tem-se toda a energia física e mental do mundo, que, ao longo dos anos, diminuirá em razão da idade. Por isso, a importância de buscar prover recursos para o futuro. Nessa questão, os planos de previdência são indicados.

Ao criar a obrigação mensal com o depósito do valor definido, esse saudável compromisso acaba entrando na rotina financeira.

> PCA 10-1 – Para você, jovem, que já tem renda, ou recebe mesada, escreva em um caderno: onde gasta seu dinheiro e qual a prioridade de cada gasto.

> PCA 10-2 – Tendo renda, faça ainda este mês seu plano de previdência, escolhendo o modelo que melhor lhe convier. O gerente do banco poderá explicar os detalhes da aplicação. Se desejar, traga-me suas dúvidas por e-mail: educacaofinanceira01@gmail.com.

Os idosos e os gastos na velhice

Como já falei, raros são os jovens que pensam e trabalham por uma velhice em melhores condições.

A partir dos 50 anos, de modo geral, começamos a ter dificuldades para conseguir um emprego; com 60 começam a aparecer sintomas físicos que reduzem nossa capacidade produtiva e exigem gastos com a saúde. Para exemplificar, um plano de saúde custa, aos 60 anos, três vezes mais do que aos 30.

Com o aumento das despesas com a saúde e a redução de ganho, já que, como aposentado, não temos alguns benefícios que recebemos na condição de ativo (salário extra, promoções, comissões), precisamos nos adaptar a essa realidade.

Contudo, é nesse momento que, além das ofertas insistentes dos bancos, em muitas famílias, aumenta-se a pressão de filhos e netos, desejosos de se beneficiarem com empréstimos consignados e outros recursos, disponibilizados aos aposentados.

Exemplifico essa prática com o caso de uma senhora que me procurou, ao final de uma de minhas palestras e me disse que tinha uma boa aposentadoria, no valor em torno de 5 mil reais. No entanto, com empréstimos e despesas feitas por sua filha e seu neto, sua renda líquida já não chegava a mil e quinhentos reais. Ela já não conseguia comprar seus remédios, nem ter condições de se alimentar bem, passear e viver com tranquilidade.

O enfrentamento dessa tendência exige rigor na definição de um limite para o comprometimento da renda mensal do idoso. Não se deve gerar prestações mensais além de 30% da renda, apesar do equívoco das autoridades governamentais de permitirem empréstimos consignados em percentual superior.

Para a definição desse limite, a conscientização e o diálogo familiar são fundamentais. E é bom lembrar que a Lei 10.741/2003, conhecida como Estatuto do Idoso, prevê, em seu artigo 102, punição para quem usar, de forma alheia às necessidades do idoso, seus proventos ou rendimentos.

PCA 11 – Estipule seu comprometimento da renda mensal com empréstimos e prestações em, no máximo, 30% da sua renda.

DÍVIDAS E RISCOS

*Não fiquem devendo nada a ninguém,
a não ser o amor mútuo.
(Apóstolo Paulo Rom 13:8)*

Por negligência, ingenuidade, casos de força maior ou empreendimentos mal planejados, é comum o endividamento. Essa situação pode acontecer com qualquer pessoa, e para enfrentá-la são exigidas força interior, análise da origem e estudo da melhor forma de equacionamento da dívida.

Toda **dívida** é pagável

Existem pessoas que, de tão temerosas com o que podem encontrar, não olham suas contas, muito menos suas dívidas. Essa atitude acaba aumentando o problema pois, ao deixar de ver o que deve e o perfil da dívida, pagam-se juros escorchantes.

Antes de falarmos da importância de analisar o perfil das dívidas, é significativo nos determos em suas origens.

Uma dívida começa a ser um problema quando a receita mensal é menor que as despesas, gerando um déficit. Para pagar o excesso de despesas, recorre-se ao crédito pessoal, ao cheque especial, ao famoso "consignado" ou até mesmo a um amigo, ou agiota. Nesse caso, além de o volume do empréstimo tender a crescer, nossa capacidade mensal de honrar as despesas diminui.

Existindo a dívida, é preciso encará-la de frente e tomar atitudes que visem quitá-la ou, ao menos, equacioná-la com renegociações compatíveis com as condições do devedor.

Ao afirmar que toda dívida é pagável, desejo estimular a troca do medo de olhar as contas pela certeza de que é possível equilibrar o orçamento mensal e, consequentemente, encontrar uma saída honrosa e factível.

A primeira atitude a ser adotada é, com humildade e confiança, anotar as receitas (salário e/u outras rendas) e as despesas (por tipo de despesas, incluindo prestações e juros). Com isso, tem-se um panorama da situação financeira mensal.

O passo seguinte será analisar o perfil da dívida: quanto é o montante, qual a taxa de juros, qual o prazo para pagamento?

Ao fazer esses dois procedimentos, você terá um diagnóstico da situação.

O passo seguinte é buscar o equilíbrio financeiro mensal, reduzindo as despesas não prioritárias e renegociando cada dívida com os credores. Os credores jogam duro nas negociações, porém interessa a eles receberem. Quando se trata de uma instituição financeira, há em sua contabilidade uma "rubrica" chamada de "previsão para perdas", o que permite ao devedor fazer uma boa negociação.

Claro que, se a dívida é oriunda de um bem adquirido e alienado, a negociação será mais difícil, mas, mesmo assim, há margem de diálogo, seja com uma renegociação, seja com a devolução do bem.

Ao assumir o protagonismo da solução do problema, você reduzirá substancialmente a dívida e colocará as prestações mensais dentro do orçamento, seja alongando o prazo, seja pela nova composição dessas prestações, seja pela redução de outras despesas que perceberá não serem passíveis de redução ou eliminação, ou por todas essas ações simultaneamente.

Assim, com coragem e habilidade, seu sono voltará a não ser perturbado, e seus dias serão mais saudáveis.

> *PCA 12 – Apure ainda esta semana e anote em um caderno, ou no seu celular, o valor de cada dívida, a quantidade de prestação, a taxa de juros e valor da prestação mensal.*

O "trágico milagre" do cartão de crédito

Tem algo mais estimulante do que, ao fazer as compras, a pessoa tirar o cartão de crédito da carteira ou, usando próprio celular, apontar para a maquininha onde está registrado o valor e, como num passe de mágica, tudo estar resolvido?

Essa história parece infantil, ou de alienação, mas é assim que funciona na cabeça de muita gente. As consequências da utilização irresponsável não são percebidas no momento da compra, só aparecerão quando a fatura chegar.

Se a pessoa não consegue pagar, age, em um primeiro momento, de duas maneiras: parcela no próprio sistema do cartão, a juros exorbitantes, gerando redução na sua capacidade financeira mensal ou utiliza, de forma comprometedora, o limite do cheque especial.

Quem tem essa atitude, algum tempo depois, tem um encontro com a realidade: já não suportando pagar o cartão, com o cheque especial estourado, deixa de honrar seus compromissos financeiros. Nesse caso, a consequência será, além da perda do crédito, a possibilidade de ter seu patrimônio penhorado e entregue a qualquer preço.

Como mecanismo de defesa a essa desordem financeira, cada dia mais presente na vida de tanta gente, a medida mais adequada é estimular um limite para os gastos no cartão. Se você não consegue se controlar, é recomendável reduzir o limite do cartão ao que pode ser honrado mensalmente, gerando um autocontrole. Agindo assim, você respeita a si próprio, admite seu jeito de decidir na emoção e traz adequação à sua realidade financeira, usando a trava operacional como remédio eficaz.

> *PCA 13 – Além de estipular o limite adequado à sua capacidade de pagamento mensal, passe a guardar os registros da utilização, somando o valor a cada compra.*

Empreender "sim", buscar riscos sem avaliação "não"

A cada dia cresce o desejo do cidadão de "empreender", ter seu próprio negócio. Isso é muito bom, no entanto é preciso buscar a redução de riscos, sempre presente no empreendedorismo.

A decisão de fazer um investimento sem ter os recursos exigidos leva o empreendedor a buscar um empréstimo bancário ou obter o dinheiro com alguém que aceite emprestar. Caso o retorno do capital empregado não venha no tempo adequado, a dívida se eleva, com juros sobre juros.

Levantamento feito pelo Serviço Brasileiro de Apoio às Micro e Pequenas Empresas (Sebrae) identificou que muitos empreendimentos não sobrevivem ao primeiro ano em razão do pouco preparo pessoal de quem toma a iniciativa, além da deficiência no planejamento no negócio.

Se você se animar em fazer um empreendimento (abrir uma loja, construir um condomínio, produzir doces em casa etc.), é fundamental avaliar as possibilidades, utilizando algum método, como a matriz SWOT[2].

Submetendo seu objetivo negocial à saudável crítica, a intuição, presente no "Sistema Quente", será testada pela racionalidade, prevista no "Sistema Frio", como já abordado.

> *PCA 14 – Pense em um empreendimento que sonha e faça a avaliação usando o método Swot.*

---

[2] SWOT, ou FOFA em português, é uma técnica de gestão que ajuda a Empresa/Empreendedor a identificar os pontos fortes e fracos, assim como as oportunidades e ameaças de um negócio. SWOT é a sigla em inglês para Forças (Strengths), Oportunidades (Opportunities), Fraquezas (Weaknesses) e Ameaças (Threats).

Como agir diante do amigo que precisa de dinheiro?

As pesquisas sobre qualidade de vida vêm mostrando que ter bons amigos faz parte da nossa necessidade social e afetiva. Diz-se que quem encontrou um bom amigo encontrou um tesouro. E isso é verdade.

Costumo repetir que uma amizade deve ser regida pelo princípio do "conjunto da obra"; implica dizer que um amigo, que nos faz bem, pode um dia cometer um deslize ou um ato que nos desagrade. Desde que não seja um "pecado mortal", não devemos desfazer a amizade. A compreensão e aceitação do deslize fortalece ainda mais o vínculo.

Na questão financeira, no entanto, é preciso muito cuidado. Extraordinárias amizades são desfeitas por crises envolvendo dinheiro.

É comum, quando existe verdadeira amizade, uma das partes recorrer a outra em um momento de dificuldade financeira ou para a realização de um negócio. Em muitos casos, essa interação leva ao fim da relação e ao prejuízo financeiro, gerando desilusões, agressividade, crise entre as famílias.

A observação desse cenário levou-me a criar uma "fórmula eficaz", capaz de inibir conflitos mais radicais. Diante do pedido de ajuda financeira do amigo, devemos responder a duas perguntas:

1.ª – Caso o amigo não consiga pagar o empréstimo, ficarei em desordem com minhas finanças?

2.ª – Essa pessoa merece de mim a consideração de que, caso não venha a me pagar, eu continue a tendo como amiga?

Caso o sim seja duplo, o que vier a acontecer não destruirá a amizade. Porém, havendo dúvida numa delas, encontre uma desculpa plausível e não faça o empréstimo. Não traga para você o problema alheio.

Mesmo que a amizade fique abalada inicialmente, com o tempo as coisas se ajustam. O que não é recomendável é trazer o problema do amigo para sua vida, sua família, o que vai gerar um tremendo mal-estar e, provavelmente, o fim da amizade, com rancores e mágoas.

A "fórmula mágica" também vale para a condição de fiador ou empréstimo de algum bem (casa, carro, equipamentos).

> *PCA 15 – Com o critério dos dois sim, liste os amigos que você emprestaria dinheiro ou fiança e os que também imagina lhe emprestariam.*

O TRIPÉ DAS APLICAÇÕES FINANCEIRAS E PATRIMONIAIS

> *Nos investimentos, controlar os riscos é mais importante do que controlar os retornos.*
> *(Howard Marks)*

Temos visto notícias de pessoas ludibriadas em suas aplicações financeiras, pelo desconhecimento de regras básicas sobre dinheiro e rentabilidade.

A ingenuidade, aliada ao desejo de ganhos elevados, alimenta a "tempestade perfeita" na vida financeira da pessoa, que, muitas vezes, perde o que conseguiu guardar durante anos.

Nesse processo decisório, novamente o Sistema Quente aparece presidindo as decisões. É bom, então, adotar mecanismos de defesa, submetendo a intuição à razão.

O passo mais adequado para se proteger dos equívocos cometidos é entender a relação do chamado "Tripé Segurança-Rentabilidade-Liquidez". O que deve definir como, onde e quando aplicar é o que representa, para cada investidor, o montante que dispõe. É nessa análise que se percebe o quanto se pode "aventurar" em aplicações com renda variável, como bolsa de valores, bitcoin, que oferecem a possibilidade de ganhos mais elevados, mas também de perdas significativas do próprio capital empregado.

A avaliação do investimento, a partir desse conhecido tripé, também deve ser feita na aquisição de imóvel em construção, na participação societária em empresas e em todo negócio que envolva seu suado dinheiro.

Assim, a boa análise das condições da aplicação financeira lhe protegerá de perdas e desequilíbrio em suas economias. É indicado sempre ter alguém de confiança nessa área para uma orientação.

A segurança

A segurança vem sempre em primeiro lugar e exige "olho vivo" em vários requisitos.

Além das garantias jurídicas da operação, deve-se responder às importantes indagações: a instituição é bem-conceituada? O gerente mostrou-se confiável ou já tentou empurrar produtos apenas par cumprir metas? É uma empresa imobiliária aventureira ou com experiência na praça?

Outro aspecto relevante é a situação da Instituição, no momento da aplicação ou entrega dos recursos financeiros. Algumas vezes, instituições bem-conceituadas historicamente, diante de circunstâncias da economia ou da própria gestão, mostram-se instáveis para realizar determinados negócios naquele período.

Da análise da segurança, define-se o montante que se pode aplicar com boa probabilidade de retorno ou com risco conhecido e calculado, sem que a possível perda represente uma tragédia financeira para vida de quem aplica.

Se, ao longo da vida, amealhei recursos que me permitem aplicar uma parcela, sem que signifique, no caso de perda, meu desequilíbrio financeiro mensal ou minha capacidade de enfrentar tempos difíceis (perda de emprego, gastos inesperados com saúde), posso ousar e buscar uma rentabilidade maior em aplicações de renda variável.

Essa reflexão vale mais ainda para o caso das ofertas de lucros elevados, vindas de pessoas que se aventuram em negócios e arrastam outras para prováveis perdas financeiras e patrimoniais.

A rentabilidade

É o desejo de alta rentabilidade, aliado à intuição, que faz com que haja predominância do Sistema Quente nas decisões e, consequentemente, se percebem os maiores prejuízos.

Ao fixar o olhar na visão da maior rentabilidade, esquece-se a segurança. Portanto, a rentabilidade tem que ser submetida à apreciação da segurança, especialmente nas aplicações de renda variável.

Uma aplicação precisa garantir, no mínimo a inflação, de forma que o investidor não perca poder aquisitivo do dinheiro. Aí se enquadram as modalidades de renda fixa, nas quais sempre haverá rendimentos assegurados.

As aplicações em caderneta de poupança, tesouro direto ou renda fixa, mesmo que, no período da aplicação, rendam um pouco menos que outras "ofertas mirabolantes", são operações seguras, do ponto de vista da garantia do retorno do capital empregado.

Caso deseje uma rentabilidade maior, é fundamental analisar o "tamanho do risco" que pode correr com as aplicações de renda variável.

A liquidez

Além da segurança e da rentabilidade, a liquidez também deve ser observada.

O dinheiro que se tem disponível, muitas vezes, pode ser necessário para fazer um determinado pagamento. Se a aplicação é de prazo mais longo do que a data do pagamento, duas situações poderão ocorrer: pelo atraso, serão pagos juros, multa e o conceito creditício será afetado ou, para quitar o compromisso no prazo, será preciso tomar um empréstimo, com juros, provavelmente, muito mais elevados do que a rentabilidade da aplicação.

Portanto, conjugar segurança, rentabilidade e liquidez torna-se o caminho adequado para preservar e valorizar seu dinheiro.

PCA 16 – Dos recursos que você tem (financeiros e patrimoniais), defina que valores deve aplicar com o predomínio da segurança e quais pode "arriscar" na busca de maior rentabilidade, sem acarretar desequilíbrio nas suas necessidades financeiras do presente e do futuro.

UMA VIDA MELHOR, COM SONHOS SE REALIZANDO

*A força não provém da capacidade física.
Provém de uma vontade indomável.
(Mahatma Gandhi)*

Ao ler e adotar as ideias, experiências e métodos aqui apresentados, você mostrará sua determinação em dominar o dinheiro e utilizá-lo com equilíbrio e racionalidade.

Com a percepção do seu jeito de decidir e a adoção de mecanismos que tornam saudáveis o convívio da intuição com a razão, ganhará a importante preparação para uma vida financeira com qualidade. Agora é exercitar e tornar habituais as boas práticas da educação financeira.

Além do ganho na gestão financeira cotidiana, suas iniciativas empreendedoras serão mais bem mensuradas, com avaliação das oportunidades e riscos, sempre presentes nas relações negociais.

Guarde em sua memória e lembre-se sempre de que: seus recursos, conquistados com seu esforço e ética ao longo da vida, merecem ser utilizados a serviço dos seus sonhos, do bem de sua família e da Humanidade.

APÊNDICE

Um teste para conferir sua educação financeira

Responda S (sempre), AV (às vezes) ou N (nunca).

1. Leio, assiduamente, meu extrato bancário. ( )
3. Comparo preço, peso e qualidade dos produtos que compro. ( )
4. Aplico uma parcela do que ganho mensalmente. ( )
5. Leio, nas contas mensais, as quantidades de água e energia consumidas. ( )
7. Quando compro eletrodoméstico financiado, analiso o custo parcelamento. ( )
9. Programo as datas de pagamentos de despesas para cinco dias após o recebimento de minha renda mensal. ( )
10. Converso em família sobre finanças. ( )
11. Anoto o valor de cada compra que faço com meu cartão de crédito. ( )
12. Levo a lista de compras quando vou ao mercado. ( )
13. Estabeleço limite para jogos de apostas. ( )

Respondidas as questões do teste e faça a avaliação com os seguintes parâmetros:

Pontos de cada resposta:
S (sempre) = 5
AV (às vezes) = 3
N (nunca) = 1

Resultado

a) De 40 a 50 pontos = ótima educação financeira.

b) De 30 a 39 pontos = aceitável, com estímulo a melhora.

c) Abaixo de 30 pontos = necessidade de adquirir novos hábitos em educação financeira.

BIBLIOGRAFIA

Dados citados baseados em Pesquisas SPC Brasil e Banco Central. Disponível em: Spcbrasil.Org.Br/Pesquisas.

Livro *Rápido e Devagar*, de Daniel Kahneman, pela Editora Objetiva.

Livro *O homem mais rico da Babilônia – Plano de Ação*, de Mitch Horowitz, pela Editora CDG Grupo Editorial.